李时珍与《本草纲目》

◎ 主编 金开诚

◎ 编著 田健

吉林出版集团有限责任公司

吉林文史出版社

图书在版编目（CIP）数据

李时珍与《本草纲目》/ 田健编著 . 一长春：吉
林出版集团有限责任公司：吉林文史出版社，2010.11（2022.1重印）
ISBN 978-7-5463-4147-7

Ⅰ . ①李… Ⅱ . ①田… Ⅲ . ①李时珍（1518 ~ 1593）
－人物研究②本草纲目－研究 Ⅳ . ① K826.2 ② R281.3

中国版本图书馆 CIP 数据核字（2010）第 222291 号

李时珍与《本草纲目》

LISHIZHEN YU BENCAO GANGMU

主编/ 金开诚　编著/ 田　健

项目负责/崔博华　责任编辑/崔博华　钟　杉

责任校对/钟　杉　装帧设计/李岩冰　刘冬梅

出版发行/吉林文史出版社　吉林出版集团有限责任公司

地址/长春市人民大街4646号　邮编/130021

电话/0431-86037503　传真/0431-86037589

印刷/三河市金兆印刷装订有限公司

版次/2010 年 11 月第 1 版　2022 年 1 月第 5 次印刷

开本/650mm×960mm　1/16

印张/9　字数/30千

书号/ISBN 978-7-5463-4147-7

定价/34.80元

前　言

　　文化是一种社会现象，是人类物质文明和精神文明有机融合的产物；同时又是一种历史现象，是社会的历史沉积。当今世界，随着经济全球化进程的加快，人们也越来越重视本民族的文化。我们只有加强对本民族文化的继承和创新，才能更好地弘扬民族精神，增强民族凝聚力。历史经验告诉我们，任何一个民族要想屹立于世界民族之林，必须具有自尊、自信、自强的民族意识。文化是维系一个民族生存和发展的强大动力。一个民族的存在依赖文化，文化的解体就是一个民族的消亡。

　　随着我国综合国力的日益强大，广大民众对重塑民族自尊心和自豪感的愿望日益迫切。作为民族大家庭中的一员，将源远流长、博大精深的中国文化继承并传播给广大群众，特别是青年一代，是我们出版人义不容辞的责任。

　　本套丛书是由吉林文史出版社和吉林出版集团有限责任公司组织国内知名专家学者编写的一套旨在传播中华五千年优秀传统文化，提高全民文化修养的大型知识读本。该书在深入挖掘和整理中华优秀传统文化成果的同时，结合社会发展，注入了时代精神。书中优美生动的文字、简明通俗的语言、图文并茂的形式，把中国文化中的物态文化、制度文化、行为文化、精神文化等知识要点全面展示给读者。点点滴滴的文化知识仿佛颗颗繁星，组成了灿烂辉煌的中国文化的天穹。

　　希望本书能为弘扬中华五千年优秀传统文化、增强各民族团结、构建社会主义和谐社会尽一份绵薄之力，也坚信我们的中华民族一定能够早日实现伟大复兴！

目录

一、杏林世家李时珍

李时珍，明医药学家，继承家学，更着重药物研究，重视临床实践与革新，向农民、渔民、樵夫、药农、铃医请教，并参考历代有关书籍八百余种，对药物加以鉴别考证，纠正了古代本草书籍中药名、品种、产地等一些错误，并收集、整理宋、元以来民间发现的药物，充实内容，经27年著成《本草纲目》，载药1892种，并附1100余幅药图，内容极为丰富。

李时珍在医药学方面的巨大贡献，至今为国内外人士所称颂。他的名著《本草纲目》，不仅是一部总结我国明代以前药物学知识和经验的巨著，也是一部具备了初期植物形态分类学内容的伟大著作，是我国药物学、植物学的宝贵遗产，对我国药物学的发展起着重大作用。刊于万历二十四年（1596年），复刻甚多，并有多种外文译本在国外流传，为世界药物学者、植物学者所重视。

李时珍，字东璧，号濒湖，明代正德

十三年（1518年）出生在湖北蕲州（今湖北蕲春县）瓦硝坝一个行医世家。

相传李时珍出生之时，有奇异现象出现。

当时，李时珍的父亲知道妻子快要分娩了，十分高兴，连忙挑水、劈柴、宰鱼、杀鸡，忙碌了一阵子，只等接生婆报喜。由于太累，他便扶在桌子上打了一个盹儿。梦中他看见一只白鹿含着一棵灵芝草跑进堂屋来了，他一阵惊喜，正好这时接生婆向他祝贺："又添了一位公子！"这位公子就是李时珍。

李时珍出身于世代相传的医家，祖父是一位热心为百姓诊治疾病的"铃医"。手摇着铃铛，走乡串镇，在当时属于社会地位比较低下的职业之一，一家人过着清苦自饴的日子。

老人虽收入微薄，但医德高尚，崇尚文化，含辛茹苦地培养后代，以贻后人弘扬李氏济民于水火的家风。李时珍的父亲李言闻，号月池，自幼接受了良好的家庭教育，是当地有名的医生，曾为当时的王侯所器重，被聘为太医，任太医吏目。

他不仅有丰富的临床经验，而且在医学理论上也有相当高的修养。"精诣奥旨，浅学未能窥造"，这是李时珍后来对父亲在行医方面造诣的肯定。据记载，李言闻著有《四诊发明》《蕲艾传》《人参传》《痘疹证治》等。李时珍从小就在这种医药世家的环境中备受熏陶。

李时珍幼年时，其家境仍不宽裕。他上有一兄一姐，加上母亲，四口人都靠父亲一人养活。母亲张氏身体本就虚弱，加

上营养不足，在生了李时珍后不久就病倒了，以后长期卧病在床。李时珍的健康状况也很差，体弱多病，他的童年几乎有大半时间是在药炉旁边度过的。直到十岁左右，身体才慢慢地好起来，并能念一点书，也能够到外边活动了。

李时珍第一次跟着哥哥爬上凤凰山，看见江流滚滚、烟树万家，才知道世界是这样的广阔。以后便常跟着父亲、哥哥一起到附近的山上去采药，有时还跟

着父亲去病人家看如何出诊。家中来了病人，小时珍不言不语，站在一边观看，而且很有耐心，一直看到病人千恩万谢地离去。耳濡目染，无形中李时珍对医学、药学产生了兴趣。

李家的后院是一座远近闻名的"百草园"，那里一年四季都盛开着姹紫嫣红的花儿，有争奇斗艳的牡丹、芍药、水仙；有朴素的蒲公英、土茯苓、千日红；也有枣树、槐树、椿树、榆树。墙根下、砖缝

里、树皮上常会碰到各种小昆虫——土鳖、蛐蛐、蜈蚣……小小的"百草园"成了幼年李时珍成长、学习的乐土。

当李时珍稍长大些后，除了这小小的"百草园"，他有了一片更广阔的天地，那就是蕲州一带的山山水水。

蕲州，就是今天湖北蕲春县境内的蕲州镇，处于南有凤凰、北有麒麟的群山环抱之中。那里山清水秀、人杰地灵，不

但景色优美，而且生长的药草特别多。李
时珍经常带着童年的小伙伴们奔跑在北
门道上，他自豪地把从父亲
那里学来的药物知识传
授给他们。告诉小伙
伴什么是金盏草，什
么是麦门冬，什么是能吃的，什么是好吃
的。并领着他们在田野里找寻青蒿子，找
寻那吃起来有点咸味的黄色滴滴金。

　　离瓦硝坝一箭之地，就是著名的雨
湖。这个方圆仅二十多里的湖，却经常有
很多渔民在捕鱼。李时珍和这些渔民个
个熟识，还常跟他们出去打鱼。因为力气
小，不能摇船，他便帮着渔民收拾鱼篓。
雨湖的特产是鲤鱼，常常可以整网地打上
来。鱼在网中像银色链条一样反复跳动
着，李时珍看了，十分高兴。

　　渔民伯伯笑着问他："时珍，你知道
鱼也是药吗？"

　　"是吗？伯伯给我讲讲行吗？"李时

珍来了兴致。

"嗯——好吧!"伯伯稍微思索了一下,说道:"就拿鲤鱼来说吧。煮着吃,它可以治咳嗽,可以利小便;熬粥吃,可以治突然出现的耳聋;用三升醋煮一条大个儿的鲤鱼,把汁熬干再吃,可以消水肿。"

李时珍兴奋地叫道:"哎呀!这么厉害,能治这么多病呀!"

另一个叔叔插话道:"远不止这些

呢！听说鲤鱼的血可以治小儿火疮；肠烧成灰，可以治耳朵里钻进去的小虫；它的鳞还可以治卡在喉咙里的鱼刺呢！"

"连鱼鳞都能治病？怎么个用法呢？"李时珍专注地问道。

"这法子很简单。比如说从鲤鱼脊背上剥三十六片鳞，用火焙干，研成粉末，用凉开水冲服。嘿！那鱼刺自己就会跳出来。"

老渔翁还告诉他许多关于水鸟的知识。什么是老水鸦，什么是鱼狗子，还有那成群结队地用嘴在水面上画着线条飞

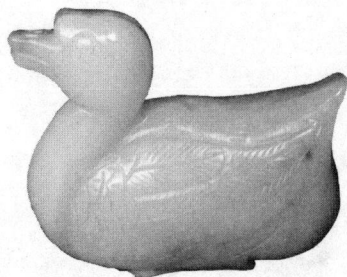

过的叫淘河……

这样，瓦硝坝附近青山绿水就成了李时珍少年时代最好的课堂，这里的辛勤劳作者成了他最好的老师。这一切不仅使他热爱大自然、热爱生活、热爱这里的人民，而且使他学到了很多书本上学不到的东西，激发了他不断求知的欲望。

这些事情都被李言闻看在眼里。他很了解儿子的兴趣，为了满足儿子对草木虫鱼之类学问的好奇心，还曾教他读图画本的《尔雅》。在父亲的教导下，李时珍很小的时候，就能够把深奥的《释鸟》

《释兽》倒背如流。

李时珍生活的时代，民间医生地位很低，不仅生活窘困，还常会受到官绅的欺侮。作为父亲，李言闻不得不为儿子的前途和家族命运做考虑，而摆脱这一境况的唯一方法就是苦读八股文，有朝一日赢得科举走上仕途。考取功名，出人头地，这是那个年代所有读书人的梦想。就连李言闻本人也是科举考试的热衷参与者，只是在乡试中一再失败，这更加使他把全部希望都寄托在了这个异常聪颖的小儿子身上。

李时珍12岁的那一年，父亲就明确提出了要求他走科举入仕道路的想法。李时珍一向爱读的医药书都被收起来了，摆在他面前的是"四书""五经"，还有明朝初年黄子澄、王鏊等人所作的八股文集。

李时珍的少年生活，就数这一段时期最不愉快了。读经书，背经书，有的不懂，有的拗口，读起来真没意思。但是经书当中有许多篇文章还是很有教益的，譬如"学而时习之，不亦说乎""温故而知新""知之为知之，不知为不知，是知也""学而不厌""不耻下问"等等。至少这些对学习态度、学习方法的论述，对他当时和以后的学习还是起了一定指导作用的。

学习经书虽然枯燥，但

李时珍还是从中领悟到了一些可贵的民本思想。如孟子的"民为贵，社稷次之，君为轻"，使少年时的李时珍就懂得了一国之中老百姓最重要的道理。在学习的过程中，他也学了很多做人的道理，知道"敬人""爱人"的重要，知道"己所不欲，勿施于人"是做人的本分。而"三人行必有我师"的名言，更是被他巧妙地运用到实践当中去了。

读经书还能读些有用的内容，然而作八股文可就头疼了。写起来味同嚼蜡，枯燥极了。比起在雨湖上目送翠背黑翅的水鸟满湖乱飞，耳听远处渔歌四起，情趣真是大不相同。

功夫不负有心人，经过几年的苦读，明世宗嘉靖十年（1531年），李时珍在父亲和蕲州知州周训的陪同下来到黄州应考。这次考试，14岁的李时珍考取了秀才，而只有取得秀才称号的人才有资

格参加每三年举行一次的"乡试"。乡试是由各省在省城举行的省一级考试，在乡试中被录取的考生称为"举人"。也只有取得举人资格的，才能到京城参加"会试"。只有通过这一次又一次、一级又一级的考试，才能最终步入仕途。

17岁，李时珍参加乡试落榜。20岁，第二次参加乡试，又一次落榜。

这时，李时珍的内心十分矛盾。想到父亲的期望，他有一种负疚之感。他回忆起苦读的九年，从早到晚，足不出户，埋头苦读，然而光阴似箭，年岁徒增，春温

秋肃，自己仍一事无成……

　　李时珍的身体原本就弱，再加上常年的苦读，他的身体更虚弱了，参加第二次乡试后就病倒了。据他自己在《本草纲目》中所说，这次的病是由感冒引起的，咳嗽了很久，没及时诊治，结果转为"骨蒸病"。皮肤发热，热得像火燎一样，觉得心烦口渴，每天吐痰一碗多。从现在的医学角度来看，他患的可能是肺结核。李时珍当时已懂得不少的医药常识，他就试着给自己开了药，治了一个月，病情未见好转。后来，他父亲用名医李东垣的

"独味黄芩汤"治好了他的病。

这次的病倒，使李时珍亲身体验了病人的痛苦，进一步感受到医生责任的重大以及名医妙方的神奇。他惊呼："医中之妙，有如此哉！"

23岁时，李时珍第三次乡试失败后，便向父亲表明了自己的志向，决心子承父业，一心钻研医药。李言闻见儿子科举不成，又联想到自己多次乡试的惨败，也就放弃了让儿子走学而优则仕的道路，同

意李时珍终身以医药为业的选择。李时珍从此告别了科举考试，一心一意钻研起神圣的医药学了。

李时珍未能通过科举考试步入仕途，今天看来，并非一件坏事，反而成了他献身医学事业的契机。在准备应付科举考试的日日夜夜里，献身医药事业的雄心已在他的心里悄悄滋长。他的青云之志，不在入仕中举、进士及第、获取高官厚禄，而在于精研医术，为百姓解除痛苦，为发展祖国的医学、药学作一番贡献。

二、行医救民，弃官求廉

　　"想做一名好医生，不仅要认识医
药，还应该懂得医药。"父亲的教诲，李
时珍始终铭记着。他夜以继日地钻研医
学技艺，恨不能骤然间成为妙手回春的
杏林圣手。父亲告诉他，千锤百炼才能成
钢，不经过七灾八难，便难求真经。李时
珍顿悟了，从此心定性安，一头钻入浩如
烟海的医学典籍中，一面发奋苦读，一面
勇于实践对各种医疗病症的救治。

　　李时珍有一个外甥名叫柳乔,平素贪恋酒色,因此,他小腹经常疼痛,大小便不通畅,严重时坐卧都疼痛难忍,痛苦呻吟了七天七夜,经许多医生诊治也不见好转。李时珍看过后,做出了诊断:湿热邪气在精道里,阻碍了大小便。于是,他用牵牛子配楝实、茴香、穿山甲等药,用水煎服,柳乔吃了三次就好了。

　　家人惊诧他诊病精准,纷纷询问详情。他腼腆地回答说,祖父医案上曾记载过此病,自己不过照葫芦画瓢而已。父亲一查家书,果真如此。但李时珍用药时创造性地增减药剂,表现出自己的独到见解。李言闻很高兴,感叹道:"吾李家即有名医矣！"

李时珍25岁时，即嘉靖二十一年（1542年），开始正式行医。当时他已结婚，有了一个儿子，叫李建中。李时珍与父亲共同挑起了全家的生活重担。蕲州玄妙观便是李言闻、李时珍经常行医的地方。

李时珍行医不久，蕲州一带连年大旱，水塘干涸，粮食歉收，同时又发生了瘟疫。按照明朝的医事制度，明政府在各地都设有"医药惠民局"。而所谓的"惠民"，只不过是统治者笼络人心的话。当时贪贿成风，药局的官吏营私舞弊，贱买贵卖，以假充真，实际上穷苦百姓很少能沾到什么"惠"。

在贫病交加、走投无路的情况下，许多百姓来找李家父子求医。不论是乡邻还是远方来的病人，李家父子总是细心诊察、用

药，丝毫不马虎敷衍。

李氏父子堪称医德高尚，对于贫困百姓，他们总是尽全力诊治而不收一文钱。李时珍的父亲虽颇具医名，但生活十分俭朴，住着普通的庭院，穿着大布宽衣，吃着粗茶淡饭。有钱的富豪请他看病，排筵设席，山珍海味交错于前，美女俊仆排列在后，他却正襟危坐，不为所动，精心地为病人诊病。

　　父亲的这些优秀品质，在李时珍身上得以继承和发扬。李时珍不贪图享受，言行举止和他的父亲颇为相似。蕲州人称他们为"大小二李"，并称赞他们："千里就药于门，立活不取值。"

　　在治病救人的过程中，李时珍取得了行医诊病的宝贵经验。

　　瘟疫的流行使很多人倒下了，李时珍这个时候忙里忙外，哪家出现紧急情况，他背起药包就奔向哪家。有个新来人家的孩子病了，脸色发黄，肿肿胀胀的，一副无精打采的样子，叫人看了很难受。李时珍心想，从外表看上去，这孩子是得了"小儿积食病"。可是他太忙了，看在眼里，记在心上，就是抽不出空来给那孩子治一治。他心里盘算着，有空一定要给那位小患者调理调理，免得他再受罪。

有一天，当他又看到那个患积食病的孩子时，大吃一惊，因为那孩子脸色红润，浮肿消失，欢蹦乱跳的，看上去已恢复了健康。

是谁给他看的病呢？吃的是什么药呢？怎么会康复得这么快？效果怎么会这么好呢？

李时珍带着这些疑问，去了那个孩子的家，向孩子的家长了解孩子的病史、病况、治疗过程，得出结论：孩子确实是患

有小儿积食症。孩子的爸爸说家里贫穷，
请不起郎中，也买不起药，没给孩子治
病。

没请郎中，没吃药，那病怎么会好
呢？李时珍难以解释。他又仔细询问那个
孩子。

"你想一想，这些天除了吃饭还吃了
些什么东西没有？"

"对了，我到后山去过，捡了些果果
吃。那果真好吃，酸酸的、甜甜的。"

说着，孩子从小箩筐里拿出了"果
果"。李时珍仔细一看，是大山楂，他确

信这个孩子的病是大山楂给治好的。李时珍给孩子留下些买糕点的钱，就高高兴兴地走了。大山楂可以治病，而且有这么明显的效果，很值得重视。他翻阅了相关的书籍，见药书上记载大山楂可"化积食""健胃宽膈""下气"等，说明其疗效符实。从此，因消化不良引起的积食症，他都建议人们常吃大山楂。

李时珍行医十年之后，在医学上的造诣已经远远地超过了他的父亲，他的医名也越传越远。

有一次，李时珍背着药箱来到江西、安徽交界的湖口，忽然看见一群人正抬着棺材送葬。令他吃惊的是，棺材里还不断地往外淌着血。李时珍凑到棺材跟前一看，滴的不是淤血，而是鲜血。他凭借多年的行医经验，知道这棺材里的人还有救。他向人群里的一个人打听，知道棺材里是一位妇女，因为难产失血过多而死。他连忙上前说："停棺！停棺！棺材里

的人还活着！"他喊了几声，人们都不相信，没有理他。

李时珍急了，他又赶紧向死者的丈夫说："你家娘子虽是难产，但只是暂时昏厥，并没有真正地死去，你现在赶紧打开棺材，我一定让你妻子活过来，并且还能让她把孩子生下来！"

于是，家属打开了棺材，把人抬出来。李时珍先是进行按摩，然后又在她心窝处扎了一针，不大一会儿，这妇女"哎哟"一声活过来了，接着就生下了一个儿子。人们都惊呆了，齐声叹道："真是神医啊！"

从此以后，湖口便传开了李时珍的传奇故事，说他死人都能救活，一针救了两条性命。

李时珍以高超的医术和高尚的医德，赢得了神医的称号。无论走到哪里，人们都争抢着想一睹神医的风采。

一天，李时珍来到一地，引起了轰

动。有家药店老板的儿子正在柜台里大吃大喝，听说"神医"来了，急忙从高高的柜台上翻身跳下，挤入人群，去看热闹。

他来到李时珍的跟前，急切地问："神医，你看我有什么病吗？"

李时珍看他的气色不太好，赶紧给他诊脉，说道："小兄弟，真是可惜，你年纪轻轻，却活不到三个时辰。请赶快回家准备后事吧，免得家里人还要来抬尸

体。"

李时珍的话刚说完，老板的儿子就
气得七窍生烟，破口大骂道："你胡说，你
想咒我死是怎么的？我刚才喝了半斤酒，
吃了四大碗饭，能纵身一跃翻下柜台。这
么好的身体，哪能死啊？"众人听了也弄
不明白是怎么回事。

谁知，不到三个时辰，老板的儿子果
然死了。大家都十分惊奇，不明白其中的
原因，就问李时珍。他解释说："他吃得
太饱，又从那么高的柜子上跳下来，肠子
必然会扭断，再加上内脏受损，因此，很

快便会死的。"人们这才恍然大悟。

于是，人们又这样称赞李时珍医术精湛："活人断其死！"

李时珍不畏权贵、刚正不阿的人格，也是颇受人们称道的。

相传有一年除夕，李时珍刚从武当山采药回家，还没顾得上休息，门外就有人敲门并高声叫道："李时珍在家吗？"

李时珍一向热心救死扶伤，随叫随到，急忙把门打开，原来是州官的差役马三。这马三仗势欺人、欺软怕硬，那州官

也是凶狠残暴、欺压百姓。于是，李时珍冷冷地问："马大人到此有何见教？"

"州官大人传唤你，不说你也该知道。"马三傲慢地说。

"难道州官大人是得了什么病？"李时珍依然不屑一顾。

"大人福体安康，能得什么病？"马三道。

"那他就是得了什么心病。难道他想长生不老？"李时珍鄙视地回答。

"正是。你果然聪明，一下猜中了

老太爷的心病。跟我走吧，给大人效力去。"马三说着催李时珍上路。

李时珍说："大人，今夜是除夕，实在是不方便。我先开个药方，你先带回去交差。"说完，李时珍写了一个药方，交给马三带回。州官一看，药方上写的是："千年陈古酒，万载不老姜，隔河杨搭柳，六月瓦上霜，连服三万七千年。"

百姓说这件事，都拍手称快。

不久，明朝皇族楚王得知李时珍医术高明，就把他召去，让他以王府"奉祠

正"（管祭祀礼节的八品官员）的名义掌管王府良医所的事务。

李时珍进驻王府，阅读了许多以前从未见过的医书药典，眼界大开，医术更进一步。楚王有个王子朱华奎，得了气厥症，用现在的话来讲就是抽风病，经常发作，许多医生都治不好。李时珍一到王府，大家都把希望寄托在他身上了。

李时珍不负众望，妙手回春医好了小王子的病，王妃感激不尽，赏赐李时珍许多金银财宝，可他坚决不肯接受，因此也颇得府内上下的好感。王公贵族们也纷纷宴请李时珍诊病。

富顺王朱厚焜膝下有一个爱孙，从小视为掌上明珠，宠爱无比。但是，他的这个孙子居然喜欢吃灯花，一旦闻到灯燃亮的气味就大

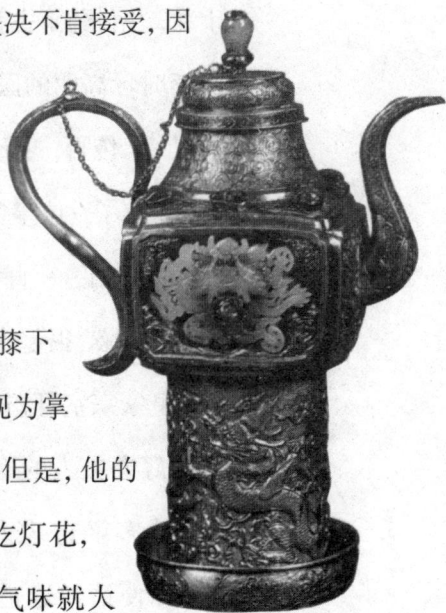

哭索要，还特别爱吃花生米，甚至吃泥土，许多医生对这个怪癖束手无策。李时珍知道后，就前往诊病，他根据前人的经验和自身的实践，仔细观察诊断后，用百部、使君子、鹤虱、槟榔等杀虫治癖之药，研成粉末，制成药丸，让小王孙每天服二十粒，一付药下去就痊愈了。

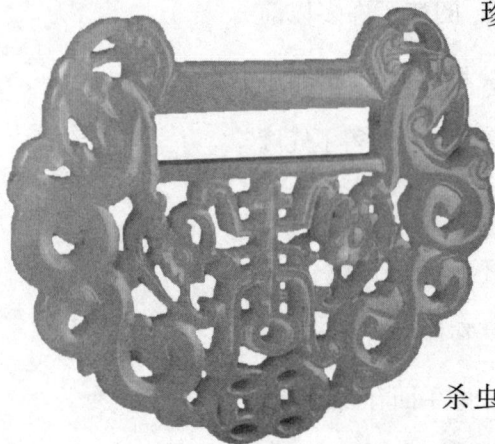

李时珍高明的医术在王府中盛传。一传十，十传百，求诊者日盛一日。有一次，王府来了一位皇家宗室的老夫人，已经六十多岁了。一直受肠结病的痛苦折磨，长期便秘，犯起病来比女人生孩子还难受。皇家宗室拜访名医不计其数，但都不能治好老夫人的病。这病已经折磨老夫人三十多年了，家人耳闻了李时珍的高明医术，便请他远道而来。李时珍对老夫人进行了观察，发现她体肥身胖，性情忧郁，每日吐痰一小碗还多，表现出极明显的"火症"迹象。于是，李时珍就对症下药，乃用牵牛、皂荚制成利于通便的丸剂，让老夫人服用。然后再用其他药物并伴之以精神疗法使她神情爽朗，最后让她祛痰气顺，健康如初。

嘉靖三十四年（1555年），明朝皇帝因过多服食丹药，身体每况愈下，就下令整顿太医院。

嘉靖三十五年（1556年），皇帝诏令各地推举名医，以补充京城太医院的缺额。据说，明朝皇帝通过皇族成员的口传，也略知李时珍的情况，便下令"荐医"。

然而李时珍到了北京并没有获得统治者的重视。对此，李时珍当然不会放在心上。相反，他

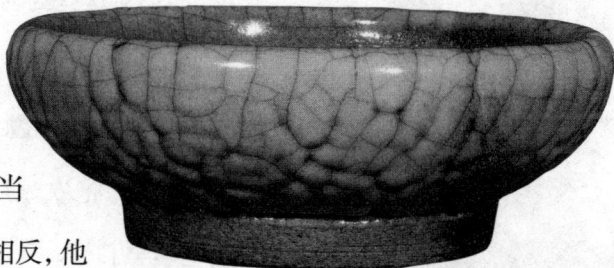

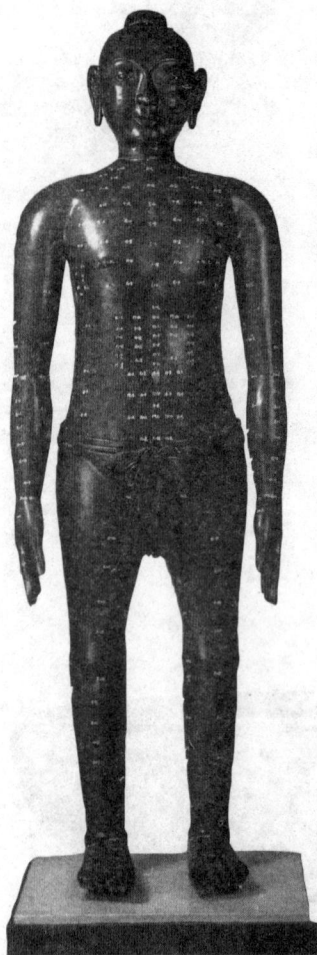

觉得太医院中有些优越的条件正可以充分利用，以丰富自己的研究，这反倒成了他去北京的更重要的收获。

他从前读过《铜人腧穴针灸图经》和《铜人针灸经》，当他得知那个显示人体穴位的铜人模型就供奉在太医院药王庙里的时候，非常兴奋。太医院常常在这里用铜人考针灸科的学生，所以他有许多机会走进去，对模型所示人体各个穴位进行仔细辨识。他虽然不学针灸，但把人体每一个穴位、经络都熟记在心，后来他著成了《气经八脉考》等书。

太医院所属的寿药房、御药库也是最能引起他兴趣的地方。那里放着从各地进贡来的名贵药物，李时珍当然不会放过机会，对这些药物做一番研究。

他还研究北俗，对于北方人民饮食起居上的一些小问题也十分关注。他在四郊活动时，把农家用暖窖保藏韭黄的方法也学会了。

　　李时珍在太医院工作了大约一年，就托病辞去了工作。因为当时明朝的嘉靖皇帝不理朝政，崇信"灵丹妙药"，妄想成仙。上行下效，太医们整天和一些方士往来，在宫中设立神坛和炼丹所，梦想炼成"长生不老药"。太医中的一些人排挤刚直不阿、身怀绝技的李时珍。他因此难以与他们久处，便托病辞官返乡。

三、云游四海修《本草》

　　李时珍是个喜欢读书的人，数年来，他翻阅了不少唐、宋两朝的本草药书，书上记载的丰富的医药知识，使他大开眼界，受益匪浅。可是，我国古来的"本草"同明朝当时用药的实际并不相符，这是李时珍在自己行医过程中逐渐发现的严重而迫切需要解决的问题。

　　旧"本草"不只是品种不全，而且还有很多错误。就拿唐慎微编写的当时医

药界公认的全书《证类本草》来说，李时珍一方面称赞唐慎微的学问广博，肯定《证类本草》汇集了各家本草的药物和民间许多的单方、验方，使这些民间和古来的用药经验能够流传下来。但另一方面，李时珍觉得《证类本草》仍有不少瑕疵，如品种不全、分类杂乱、草木混淆，或一物误分为二，或二物误以为一，有的甚至误将毒药当做寿药。例如，它把葳蕤、女萎并入一条，这就是个差错。葳蕤是一种矮小的多年生草本植物，开白色的钟形小花，叶子像竹子，所以又名玉竹，是一种常用的滋补强壮药。女萎也称万年藤，茎长数丈，是止痢消食药，这两者是不可以混为一谈的。还有，生姜、山药是两种蔬菜，《证类本草》却把它们列入草部；槟榔、龙眼是两种果子，《证类本草》又把它们列入木本等等。

又如有的本草认为"黄精即钩吻"，"旋花即山姜"。黄精是一种补药，无毒，钩吻却有剧毒；旋花与山姜也是两种不同的植物，分属旋花科和姜科。把这些

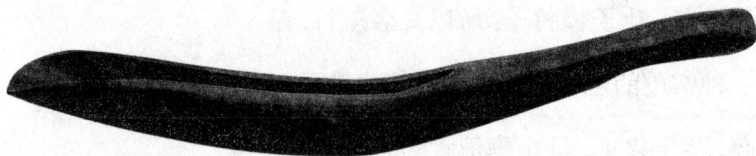

东西相互混淆就属于错加注释了。

更比如"水银"，据以前本草书记载，言其"无其毒""其久服神仙""为长生不老之药"等。确有其事吗?李时珍通过调查，认识到水银是由丹砂加热后分解出来的(就是所谓的"汞出于丹砂")；水银和硫磺一起加热，可以变成银朱(硫化汞)；水银加盐等物，又可以变成另一种物质，名叫轻粉(氯化汞)。由此，在李时

珍的记述下，水银终于回到了它本来的位置，他说水银是一种"温燥有毒"的物质，"若服之过剂，则毒被蒸窜入经络筋骨，变为筋挛骨痛，发为痈肿疳漏，或手足破裂，虫癣顽痹，经年累月，遂成疾癌，其害无穷。"李时珍又根据六朝以来久服水银而造成终身残废的历史事实，驳斥了久服水银可以长生不老的无稽之谈，并愤言道："方士固不足道，本草岂可妄言哉。"

药的功效搞错了，就算医生处方开得再好也还是不能治病，甚至会引起医疗事故。

一天，一个渔夫满面愁容且焦急不安地前来请李时珍去他家给妻子治病。李时珍匆忙赶到渔夫家，只见渔夫的妻子面色灰白，精神恍惚，昏沉沉地躺在床上。原来，她患病后曾请过一位医生诊治，不料

服药后病势反而加重了。李时珍用银针刺进急救穴位，病人发出了低微的呻吟声，接着"哇"的一声，吐出许多污秽之物，并慢慢睁开了双眼。

李时珍随后将原药方摊开再三推敲，觉得处方开得尚好，配方也无不妥之处。但病人服此药后，为何病情反而加重了呢？李时珍疑惑不解，会不会是抓错了药呢？他仔细查看药渣，发现了一味"虎掌"(天南星的叶子)，药方上没有。而药方中的"漏篮子"，药渣中却没有找到。疑

团终于解开了，原来是药铺抓错了药！虎掌有大毒，被错当成漏篮子抓给病人了。为此，李时珍和渔夫一同赶到药铺。药铺掌柜对渔夫的叫骂不理睬，对李时珍的责备也不表态，他面无表情地用鼻子一哼，转身进屋拿出一本书朝李时珍面前一扔，冷笑着说："本人自幼熟读本草药书，从无抓错之说。现有药书为证，请你过目！"李时珍仔细一看，原来是一本《日华子本草》。他翻开来查阅，书上清清楚楚地写着目漏篮子又名虎掌，二者为同

一药物。李时珍大感意外，无话可说，在那里发愣。这次药物中毒的事例，使李时珍萌生了修正旧医书上的错误，增补新内容，写出一部新的本草的想法。因为一旦见错不改，任其自然泛滥，他将成为医学史上的千古罪人。

回到家里，李时珍把这一想法告诉了他的父亲。没想到父亲却颇有同感，把自己行医几十年所经历的类似事件也都讲述给李时珍听，然后感慨地说："这也难怪，离现在最近的本草距今也有四百多年了，怎么可能符合今天的需要呢！"然后又望着儿子，若有所思地说："可是，自唐朝以来，历代修本草都是朝廷的

事，咱们只是空有良好的愿望，无法实现啊。"

李时珍略一沉思，说道："对于个人来说，这件事情的难度确实太大了，可是，我们也很难争取到朝廷的支持啊……"

见父亲没作声，李时珍便对父亲笑了笑，挥着拳头坚毅地说道："如果得不到朝廷的支持，那就多用点时间和精力，也不能因为没有朝廷的支持就让老百姓继续受苦啊。我一定要修订出一部完备正确的《本草》！几年不行，就用上十几年，几十年！"

接着，他奋笔写下了：

> 身如逆流船，
> 心如铁石坚。
> 望夫全儿志，
> 至死不怕难！

李时珍的父

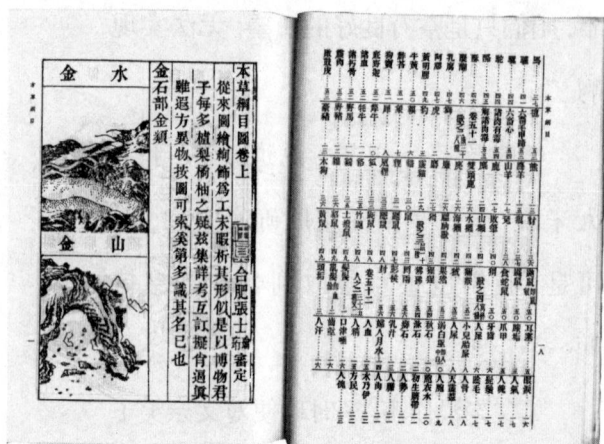

亲深知这件事非同小可，更深知这一工程的浩大和繁杂。但见儿子明理、志大、心诚、意坚，便表示愿意支持让他试一试。就这样，高度的责任感促使年轻的李时珍立下了宏伟志向，为自己的一生确立了一个艰辛而伟大的奋斗目标。

明世宗嘉靖三十一年（1552年），李时珍35岁，他开始着手编写《本草纲目》了。

在编写《本草纲目》的过程中，最使李时珍头痛的就是由于药名混杂，往往弄不清药物的形状和生长情况。过去的

本草书，虽然做了反复的解释，但是由
于有些作者没有深入实际进行调查研
究，而是在书本上抄来抄去地做"纸上猜
度"，所以越解释越糊涂，而且前后矛盾，
莫衷一是。

这些难题该怎样解决呢? 在父亲的
启示下，李时珍认识到"读万卷书"固然
重要，但"行万里路"更不可少。于是，一
个既"搜罗百氏"又"采访四方"，深入实
际进行调查的方案就此形成了。

李时珍穿上草鞋，背起药筐，在徒弟
庞宪、儿子建元的伴随下远涉深山旷野，

遍访名医宿儒，搜求民间验方，观察和收集药物标本。他首先在家乡蕲州一带调查，后来又多次出外采访，除湖广外，还到过江西、江苏、安徽等地。

李时珍非常注重调查研究，看重第一手资料，每到一地都虚心向各类人物请教。这些人中有采药的，也有种田的、捕鱼的、砍柴的、打猎的，他们都热情地与李时珍攀谈，帮助他了解认识各种各样的药物。

比如芸苔，是治病常用的药。但究竟

是什么样的呢?《神农本草经》没有明确
描述,各家注释也不详细。李时珍问一个
种菜的老人,在他的指点下,又察看了实
物,才确定芸薹实际上就是油菜。于是,
这种药物便在他的《本草纲目》中得到了
确凿的注解。

蕲蛇,即蕲州产的白花蛇。这种药有
医治风痹、惊搐、癣癫等功用,李时珍早
就开始研究它了。最初他只从蛇贩子那
里观察,内行人提醒他——那是从江南

兴国州山里捕来的,不是真的蕲蛇。那么真正的蕲蛇又是什么样的呢?他请教一位捕蛇的人,捕蛇人告诉他,蕲蛇牙尖有剧毒,人被咬伤后要立即截肢,否则就要中毒死亡。它对治疗一些病有特效,因此非常贵重,州官便逼着群众冒着生命危险去捉,以便向皇帝进贡。可蕲州那么大,其实只有城北龙峰山上才有真正的蕲蛇。

　　李时珍追根究底，要亲眼观察蕲蛇，便请捕蛇人带他上了龙峰山。山上有个狻猊洞，洞周围怪石嶙峋，灌木丛生，李时珍置危险于不顾，到处寻找，在捕蛇人的帮助下，终于亲眼看见了蕲州白花蛇。捕蛇人先向白花蛇身上撒一把土，说来也奇，蛇就像面粉遇到水一样缩成一团不动了。捕蛇人立即上前用木叉往白花蛇的颈部叉去，另一只手抓住蛇体的后部。这时的白花蛇再也施不出威力来了，被用绳子拴着倒挂在了树上。

　　李时珍上前仔细观察白花蛇的形态，只见蛇头大似三角形，嘴里长着四只长牙，背上有二十四块斜方格，腹部还有斑纹，与普通的蛇确实不一样。

　　接着，捕蛇人当场剖开蛇腹，去掉腹腔内的杂物，然后用水洗净蛇身，用竹签固定住蛇头，把蛇身盘成一团，用绳子系好。捕蛇人告诉李时珍："就这样把蛇烘干即可成药。"捕蛇人还告诉李时珍一个

辨别真假蕲州白花蛇的方法，他说："别处产的白花蛇烘干时眼睛早已闭上，而蕲州白花蛇就不同，烘干后眼睛还睁着，就跟它活着的时候一样。"李时珍非常感谢捕蛇人对他的教诲。分手时，他还买了几条活的蕲州白花蛇，以便细致观察，亲自制药。

几年后，李时珍又根据白花蛇的祛风特性，制成了专治半身不遂及中风症的"白花蛇酒"。现代药理分析证明，白花

蛇的提取物具有镇静、镇痛、扩张血管和降压作用。李时珍还把对蕲州白花蛇的研究成果写成一部书，叫《白花蛇传》。

鲮鲤，即今天所说的穿山甲，是常用的中药材。陶弘景在引证《名医别录》中说它为鲮鲤科动物的鳞甲类，性味咸凉，能够消肿溃痈，搜风活络，通风下乳，外用止血。还说它能水陆两栖，喜欢吃蚂蚁。白天它爬上岩来，张开鳞甲，装出死了的样子，引诱蚂蚁进入甲内，再闭上鳞甲，潜入水中，然后开甲让蚂蚁浮出，将

其吞食。

为了了解陶弘景的说法是否正确，李时珍亲自上山去观察，并在樵夫、猎人的帮助下捉到了一只穿山甲，从它的胃里剖出了一升左右的蚂蚁，初步证实了陶弘景有关穿山甲食蚁的说法。不过，在以后的观察中，他却发现穿山甲并不是"诱蚁入甲，下水吞食"，而是搔开蚁穴进行舐食。李时珍肯定了陶弘景正确的一面，也纠正了其错误之处。

李时珍在蕲州雨湖之畔的住宅附近

亲手开辟了一座药圃，名叫红花园，他在这里精心培植了各种药物。黄精是一味补虚益精的植物药，本是野生的，李时珍从山上采回以后，便在院内加以栽培。后来他介绍栽培经验时说："黄精野生山中，亦可劈根长二寸，稀种之，一年后极稠，子亦可种。"他亲手试种的结果，说明黄精既可栽培，又可播其种子育苗栽植。红花是一味活血通经、祛瘀止痛的植物药，李时珍也曾栽培过。他说："红花，二月、八月、十二月皆可以种下，雨后布子，如种麻法，初生嫩叶，苗亦可食。""其子五月收采，淘尽捣碎煎汁，入醋拌蔬食，极肥美。"据他亲身种植的体会，认为栽种红花的方法就和栽植苧麻一样，而且红花的嫩苗和种子还可以充当美味的蔬菜。使君子是一味驱虫消积的植物药，主产于四川、云南、广东、广西等地，湖北各地很少见到，李时珍便把它加以引种。他说："使君子原出南海，交趾，今闽之邵武，蜀之眉州皆栽种之，亦易生。其藤如葛，绕树而上。叶青如五加叶。五月开花，一簇二十萼，红色，轻盈如海棠。其

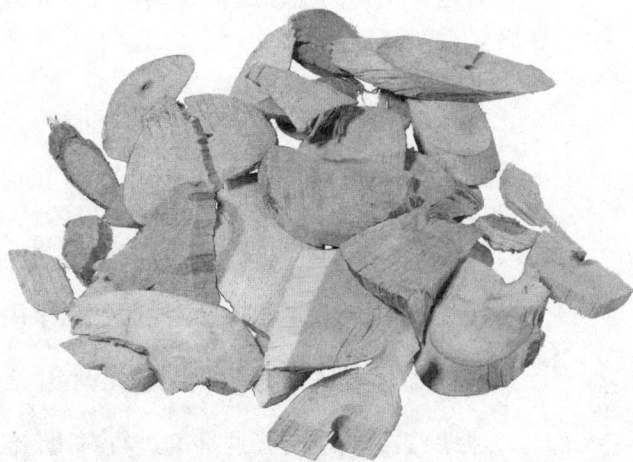

实长寸许，五瓣合成，有棱。先时半黄，老则紫黑。其中仁长如榧仁，色味如栗，久则油黑，不可用。"尽管蕲州地方不产使君子，但由于李时珍亲自引种过它，因而对这种植物的生长过程及其特征了如指掌。

除了栽培药用植物之外，李时珍还饲养过药用动物。比如绿毛龟，它是一种补阴血益精气的动物药，因为是蕲州的特产，李时珍便养了几只。他通过亲手用水缸饲养，了解绿毛龟的生长过程和生活习性，并且将它与普通乌龟进行对比，准确地记载了这种乌龟的特点。我们知道，绿毛龟是一种背甲生基藻或刚毛藻等绿藻的金龟或水龟，其藻为绿色丝状分枝，长1—4厘米，在水中如被毛状，故名绿毛龟。绿毛龟又是一种珍贵的观赏动物，中外人士都很喜欢饲养它作为宠物，其经济价值很高。李时珍记录了饲养绿毛龟的方法，这是非常有意义的。

在太和五龙宫的后院有一种奇特的果树，每年长出像梅子大小的"仙果"。道士们说，果树是真武大帝所种，人吃了这仙果可以长生不老。皇帝闻讯，降旨下令五龙宫道士每年在"仙果"成熟时采摘作为贡品送到京城，供皇家享用，并不许百姓进五龙宫后院，谁要是偷看、偷采"仙果"，就是"欺君犯上"，有杀头之罪。

李时珍不信道士们的说

法，要亲自采"仙果"来试试，看看它究竟有什么功效。便在其山下找一家客栈住下。次日，李时珍来到五龙宫，对寺院道长说："我是从蕲州来的医生，专门采集药材研究药效的，听说贵寺有仙果，能否给我看一看？"老道长将李时珍仔细打量一番后说："念你是个医生，不懂这里的规矩，我不想找你什么麻烦。但我要告诉你，这里是皇家禁地，仙果是皇家的御用之品。你还是快快离去为好，不然当心

皮肉受苦。"再说什么都没有用了，李时珍无奈地下山。怎么办呢？难道让这"仙果"永远成为一个谜？

夜深人静，李时珍从另一条小道摸上了山。此时五龙宫内外一片寂静，道士们早已酣然入睡。他轻步绕到后院外，吃力地翻墙进入院内，捷步来到果树下，迅速采摘了几枚"仙果"和几片树叶。然后翻墙出寺，连夜奔下山去。

回到客栈，李时珍亲口品尝了"仙果"，并仔细对其进行研究，终于解开了太和山"仙果"之谜。原来它只不过是一种榆树果子的变种，名叫榔梅，功效跟普通的桃子、杏子一样，能生津止渴而已，并没有什么特殊之处。所谓的长生之说，纯属道士们为了讨好皇上而编造出来的一套谎言!

李时珍对药物的了解并不满足于走马观花式的调查，而是一一采视，对照实物进行比较核对，由此弄清了不少似是而非、含混不清的药物。用他的话来说就是"一一采视，颇得其真""罗列诸品，反复谛视"。

有一次，李时珍经过一个山村，看到前面围着一大群人。走近一看，只见一个人醉醺醺的，还不时地手舞足蹈。一了解，原来这个人喝了用山茄子泡的药酒。"山茄子……"李时珍望着笑得前俯后仰的醉汉，记下了药名。回到家，他翻遍药书，终于找到了有关这种草药的记载。

可是药书上写得都很简单，只说了它的本名叫"曼陀罗"。李时珍决心找到它，进一步研究。后来李时珍在采药时找到了曼陀罗。他按山民说的办法，用曼陀罗泡了酒。过了几

天，李时珍决定亲口尝一尝，亲身体验一下曼陀罗的功效。他抿了一口，细品品，味道很香；又抿一口，舌头以至整个口腔都发麻了；再抿一口，人昏沉沉的。不一会儿，他也开始发出阵阵傻笑，手脚还不停地舞动着，最后竟失去了知觉，摔倒在地上。一旁的人都吓坏了，连忙给他灌了解药。过了好一会儿，李时珍醒过来了，大家这才松了一口气。醒来后的李时珍兴奋极了，连忙记下了曼陀罗的产地、形状、习性、生长期，写下了如何泡酒以及制成药后的服法、作用、功效等等。

有人埋怨他太冒险了，他却笑着说："不尝尝怎么断定它的功效呢？再说了，总不能拿病人去做实验吧！"听了他的话，大家更敬佩李时珍了。

就这样，又一种可以作为临床麻醉的药物问世了。

李时珍的大儿子李建中，大约在明隆庆五年（1571年）任职河南光山县教谕。利用探望儿子这个机会，李时珍由蕲州取道麻城入豫，横越大别山脉，在长途旅行中，除去问药访医外，李时珍还做了一件有意义的事情，就是收集各地流传

的单方，把它们一一记录下来。

李时珍有时和铃医交往，吸收他们的医疗经验。铃医有个特点，就是不会讲什么医理，只会凭经验，用现成的方子给人治病。所以他们手中大都掌握了多单方，其中也有不见于古人方书的秘方。

李时珍青年时期就注意单方，并深受宋朝名医唐慎微收集单方故事的影响。

唐慎微编著的《证类本草》古方最多，给其他的本草学书籍创造了一个范例。受了唐慎微的影响，李时珍对于单方的收集也很热心。他在蕲州给人治病时也常常不要钱，只要人家供给他一些秘方。

散布在广大民间的医药方子是我们祖先千百年来遗留下来的医疗经验，各处都有当地流传的一些单方。李时珍每一次外出，总能满载而归。

四、《本草》问世的艰难历程

明万历六年（1578年），《本草纲目》写成了。从开始编著时算起，已有二十七个年头，这时的李时珍已是一位60岁的老人了。

在这二十七年中，他阅读了近千种的著作，走了上万里的路，倾听了无数人的意见，经过持之以恒的努力，最终完成了这部著作。

《本草纲目》写成之后，李时珍为了

这部书的出版，费劲了周折。

那时候，请人刻字印行是需要花许多钱的，清贫的李时珍根本就无力刊行。当时的一些出版商，面对近二百万字的书稿，又考虑到需要绘图制版等复杂的技术，心中就没了把握。于是书稿便无人敢接受。

《本草纲目》的出版虽然遇到困难，但却已被广泛地传开。不少有识之士通过各种途径告知李时珍，想办法请文坛巨匠王世贞为之作序，希望借其声望使《本草纲目》引起重视。

王世贞是当时赫赫有名的文学大

家，独主文坛二十年，极负盛名。1580
年，王世贞被朝廷免职家居南京太仓县。
于是，李时珍于当年秋季由蕲州乘船顺
江东下，经过几十天的长途跋涉，终于在
九月九日到达南京太仓县，并在弇山园拜
会了这位文坛领袖。

　　见到王世贞后，李时珍说明求序之
意，并力说《本草纲目》编著的重大现实
意义。可是，此时的王世贞正迷恋于道
家养生成仙之术，对李时珍的恳切之言
不屑一顾。相反，对于李时珍在《本草纲
目》中对道教方士进行的批判和驳斥特

别反感，加上李时珍刚到太仓时正赶上昙阳子升天，道教方士云集于此，王世贞正在其列。所谓昙阳子，本是太仓御职侍郎王锡爵的一个女儿，因为寡居抑郁而精神失常，平日常讲些道书上的话。这样的人物却被太仓的一批士大夫当做神仙来大肆宣传，有些士大夫还成了她的弟子，王世贞就是其中之一。重阳节那天，昙阳子死了，几乎全太仓的官僚士绅都集合起来为他们的仙师举行龛葬仪式。李时珍认为昙阳子所说的都是虚妄之语，并力劝王世贞不要迷信，以免误伤身体甚至生命。王世贞不仅不听劝告，反而与李时珍发生争执。这时的王世贞宁可为昙阳子作传，也不想给《本草纲目》作序。

李时珍见无法求得王世贞为其作序，心情十分沉重。为了不使毕生心血付之东流，李时珍在南京开始悬壶行医。当时南京是五方杂居文人荟萃之地，又是明代出版业的中心，书商经营规模颇大，刻本技术精良。李时珍充分利用空余时间，寻找出版商协商刻印，并与当时金陵出版商胡承龙有过接触。虽然未有书商愿意承担起这样一部鸿篇巨制的刻印工作，但其卓越的医名在南京不胫而走。加之李时珍曾在朝廷太医院工作过，更使不少官府人员求治于他。李时珍充分利用各次机会宣传刻印《本草纲目》的重要性，同时还利用治病救人的机会批评沉迷道教成仙之术的民众和官绅。

1589年，王世贞再度被朝廷起用，任南京刑部尚书。上任后的王世贞，已耳闻朝野内外不时地议论曾求序于他的李时珍"千里就药于门，立活不取值"的高尚品德。他利用自己的社会地位得到了民间传抄的《本草纲

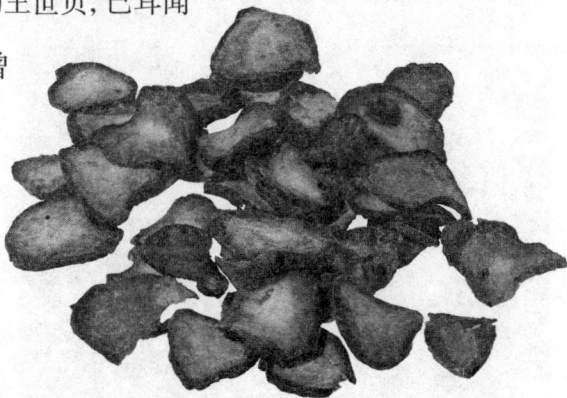

目》部分卷本，开始细心研读，并根据自己几十年来因信奉道教方士成仙之术而导致身患难言之疾的切身体会，深感李时珍《本草纲目》中所言此乃"帝王之秘录，臣民之重宝"的正确与可信。于是，特托人请李时珍给自己治病。

次年，李时珍再次来到王世贞的太仓县弇山园。这次相见，李时珍不仅为王世贞治好了因迷恋道教方士之仙术给身体造成的祸患，而且还感动了王世贞。当李时珍再次请求他作序时，王世贞欣然应允，并挽留李时珍在弇山园多住几天。在这短短的几天里，这两位年过花甲的老人谈得十分投机。一位是文坛巨匠，一位是盖世名医，虽然他们各自奋斗的事业不同，但此时对待科学和真理的态度却是严肃认真的。

王世贞看完《本草纲目》后赞叹不已，称此书："薄而不繁，详而有要，综核究竟，直窥渊海。兹岂仅以医书觏哉？实性理之精微，格物之通典。帝王之秘录，臣民之重宝。"经过历史的验证，王世贞的评语是恰如其分的。

王世贞还写道："予窥其人，晬然貌也，癯然身也，津津然谈议也，真北斗以南一人。解其装，无长物，有《本草纲目》数十卷。"此语既是对李时珍献身医学事业的由衷评价，也是对他高尚情操的真实写照。

就在王世贞给《本草纲目》作序的这年，即1590年，南京著名书商胡承龙在读了《本草纲目》手抄本后，认为这是一部极有价值的著作，理应流芳百世。当他得知王世贞已给《本草纲目》写了序，并给予了极高的评价时，便决定出资印行。而此时的李时珍已在南京济世救人十个春秋了，生活条件艰苦，损害了他的健康，他的身体日渐衰弱。交稿后，不得不匆匆启程回到家乡蕲州。

李时珍回蕲州后，由长子李建中代替他去南京，几经周折，才与书商胡承龙洽谈成功。自此，《本草纲目》开始付刻。

一听到刻印的消息，李家上下沸腾了。李时珍眼里饱含泪水，这是他一生的心血呀！

从此，李家开始忙碌起来。长子李建中与次子李建元是《本草纲目》的总校正，三子和四子进行重订，李时珍的孙子们也参与了工作。《本草纲目》的全部附图是李建中亲手绘成的，原图许多画稿是工笔彩色，十分真实清晰，这是李建中伴随父亲长途调研时写生临摹下来的。

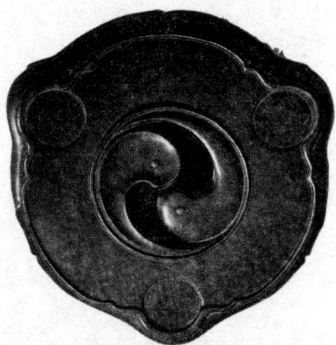

时光飞快，当《本草纲目》全部刻完，四年已经过去了。即将印刷出版之时，李时珍去世的噩耗从蕲州传到了南京。李时珍与世长辞后的第三年（1596年），《本草纲目》在南京首刊出版。后人一致认为胡承龙

在金陵（南京）刻印的《本草纲目》是最好的版本，世称"金陵版"。

李时珍在去世前曾叮嘱儿子李建元把《本草纲目》一书和《遗表》上呈给明神宗皇帝。遵照父亲的遗嘱，李建元于1596年11月将《本草纲目》和《遗表》献给朝廷。当只顾炼丹成仙的神宗皇帝接到《本草纲目》时，连看都没看，仅仅御批为"书留览，礼部知道"。

虽然《本草纲目》的出版问世未能得到朝廷的重视，可在民间却被广泛传抄。

金陵刻本不久销售一空，在李建元将其进献给朝廷不过六七年的时间后，江西人夏良心、张鼎思等人又以金陵胡承龙本为蓝本翻刻一版。刊行问世后立即受到朝野的注意，社会各阶层更把它视为家珍必藏之书。从《本草纲目》首次刻印问世，不到六十年的时间里，前后共陆续翻刻了九次，平均不到六年就重印一次。

《本草纲目》在中国传播之广、流传之久、影响之深，是其他医药学著作很难匹及的，它是中国医药宝库中的伟大著作。

五、《本草纲目》内容简介

　　《本草纲目》是一本多学科集成的综合医学著作。全书近二百万字，分五十二卷，载药一千八百九十二种，绘制插图一千一百余幅，附治病药方一万一千多个。除了整理历代本草的成果以外，还新增三百七十四种。

　　明代以前的文献对药物的分类不够明确，而《本草纲目》把所载药物以自然属性为基础进行分类，不仅分类明确，而

且比以前更规范化、系统化。全书分为水、火、土、金、石、草、谷、菜、果、木、服器、虫、鳞、禽、兽、人共十六部，每部又分若干类。如草部又分十小类，其中芳草、毒草、蔓草、苔草等以性能形态区分；山草、湿草、水草、石草以植物生长环境来区分。在芳草类中的高良姜、豆蔻、缩砂蜜（砂仁）、益智子被归在同一类别，进行同系列分类。同时又对以乌头为主根，附子为侧根，天雄为须根的归乌头类进行族别分析。《本草纲目》的分类，在当时是规范化、系列化、科学化的典范，为后来的药学分类奠定了良好的基础。

《本草纲目》的内容详实丰富，第一卷和第二卷都是'序列'，其载体和现代药物学的总论或绪论相似，首先列举编著引用的参考书籍、收载药品的来源和种数，再根据以前诸家文献来叙述药物的一般性质、药物的配伍、药用度量、治疗处方的原则、采药季节、调制技术、服药禁忌、妊娠禁忌和饮食禁忌等。

第三、第四卷记载百病主治药，按主治病症分类，分别列举七十门病症的主要用药。例如喘逆门就列入麻黄、细辛、皂荚、桔梗、杏仁等有平喘、镇

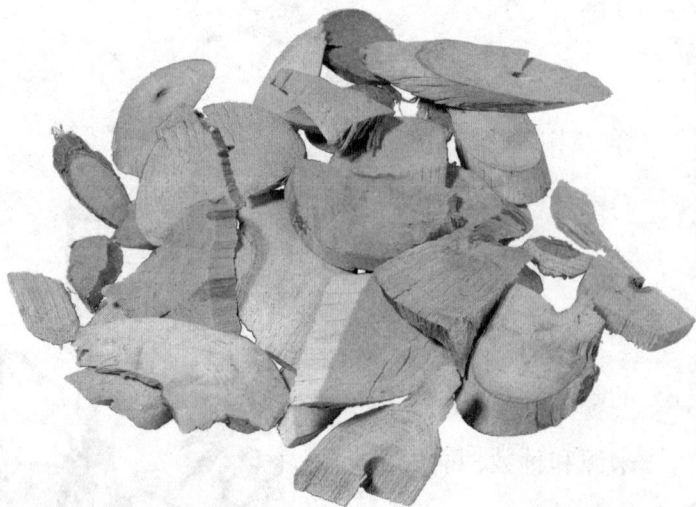

咳和祛痰功效的药物。疟疾门列入柴胡、黄芩、常山等有解热和抗疟作用的药物。这种以效果来分类的记载等于一种索引，无论在应用药物治疗时或进行药物研究时，它都提供了很方便的参考线索。

第五到第十一卷记载矿物性药物二百七十四种，其中包括具有吸着作用的百草霜（锅底儿的烟炭），有消毒和轻泻作用的轻粉（氧化低汞），有中和过多胃酸及止血功效的石钟乳（碳酸钙），有治疥疮的硫磺，有补血的绿矾，有盐类泻药朴硝、芒硝和玄明粉（硫酸钠）等。

第十二到第三十七卷记载了一千零九十六种植物性药物，如草、木、果、菜。这一部分的内容更加丰富，价值也最宝贵。例如能减轻糖尿病的人参，有抗菌作用的黄连，能缓解月经痛的当归，有平喘和升高血压功能的麻黄，有泻下作用的大黄，能治麻风的大风子油，有抗疟疗效的常山，有驱绦虫作用的槟榔等等。

第三十八卷记载一些日常用品中可以用于治疗的东西，共七十九种，这一类以

民间单方居多。

第三十九卷到第五十二卷记载了四百二十四种动物性药物，包括调味和营养药蜂蜜，强心药蟾酥，含有多种维生素的鳗鲡鱼和猪羊肝脏，可治甲状腺机能不足的猪、羊靥，能使人体强壮的鹿茸，补血和止血的阿胶，营养价值很高的牛乳和羊乳等。

《本草纲目》中每种药都配有一个名称，若干个释名、插图、形与性味说明，生长条件及品质说明，对主治疾病附有多个治疗方，并对附方中那些药物如

何进行炮制都撰写得很详尽。李时珍认为只有这样才可以保证正确用药，达到治病救人的目的。例如王不留行，释名禁宫花、剪金花、金盏银台，性味苦、平，无毒。李时珍曰：多生麦地中，苗高者一二尺，三四月开花，如铎铃状，红白色。结实如竹笼草子，壳有五棱，壳内包一实，大如豆，实内细子，大如菘子。生白熟黑，正因如细珠可爱。又如菟丝子，释名菟缕、赤网、玉女、头焰草。性味辛、甘、平，无毒。李时珍曰：其子入地，初生有根，及延长草物，其根自断，无叶有花，色微红，

香气袭人。结实如秕豆而细,色黄,生于梗上为佳。以上把王不留行和菟丝子描写得非常细致,给人以直观感,突出特性,便于识别。而且生长地和生长条件写得一清二楚,便于种植和寻找药源。这些都为中药材的形体识别、品质鉴定和扩展药源提供了可靠的依据。

在炮制与治疗结合方面也做了详细叙述,如五加皮丸,主治:脚气、骨节皮肤肿湿、疼痛。服此丸进饮食,健气力,不忘事。方剂:五加皮四两(酒浸),远志

（去心）四两（酒浸），春秋三日，夏二日，冬四日，干为未，以浸酒为糊，丸如梧子大，每服四五十丸，空心酒服下。又如龟甲补阴丸，主治：阴血不足，去淤血，止血痢、续筋骨、治劳倦、四肢无力、腰脚酸痛。补心肺，益大肠。方剂：龟下甲（酒炙）、熟地黄（九蒸九晒）各六两，黄檗（盐水浸炒）、知母（酒炒）各四两，石器为末，以猪脊髓和，丸如梧子大，每服百丸，空心温酒下。

　　《本草纲目》把每个附方中的药材组成、炮制方法都描述得非常清楚、到

位，汇集着李时珍的辛劳、智慧、经验和技术，也汇集着他充分为患者着想的思想。他把种药、采药、制药、炮制的系统工程与治病密切结合，以达到救死扶伤的最终目的。

在《本草纲目》中李时珍也很强调药性味对身体的影响，告诫民众注意日常饮食的养生保健。在水部，李时珍曰："盖水为万化之源，土为万物之母，饮资于水，食之于土，饮食者，人之命脉也，而营为赖之。水去则营竭，谷去则卫亡，然则水之性味，尤其病卫生者，之所当潜

心也。"告诫人们人的生存主要靠水和谷物来维持，但不能乱吃乱喝，要知道食物的性味才能吃得适当，喝得适宜。要了解水谷的性味，根据自身情况来选择饮食。又如温汤，释名温泉、沸泉，性味辛热、微毒，主治诸风筋骨挛缩及肌皮顽痹、手足不遂、疥癣诸疾，在皮肤骨节者入浴。浴讫，当大虚惫，可随病与药及饮食补养。"非有病人，不宜轻入。"即告诫人们不是有病需要千万不要乱用保健饮食。用现在的观点来说，天然饮品虽好，但不经过严格检测不能乱用，否则很可能会造成微量元素对身体的损害。因为明代没有那些检测手段，所以李时珍提出非有病人不宜轻入。又如山岩泉，这是当代最普及的矿泉水饮品，被认为对人体有营养保健作用。但李时珍说：身冷力弱者，防致脏寒，当以意消息之。告诫人们矿泉水用于

养生保健也要根据自身情况饮用，体弱一定注意脏寒，防止胃肠受凉。

在谷部，李时珍说："百谷各异其性，岂可终日食之而不知其味损益乎？"就是说我们吃的各种食物性味不同，如果不知道它的性味，怎么知道吃什么对自己的身体有益或有害呢。如小麦，性味甘，微寒、无毒。主治去客热，止烦渴咽燥，利水便。养肝，养心气，令女人易孕。又如稻米，性味甘、温，无毒。主治益气止泄、虚寒泻痢，暖脾胃、收自汗、缩小便。做饭温中，令人多热，大便坚。面粉和稻米是我国人民的重要食粮，李时珍指出只有了解其性味，在日常调理上才可以根据自身情况妥善安排。像阴虚热者多吃点麦类食品，阳虚冷者多吃些米饭，通过饮食调节达到治病效果。

在菜部，李时珍说："菜之于人，补

非小也。但五气之良毒各不同，五味之所有偏性，民生日用而不同。"就是说各种蔬菜为人们所食用，但菜本身存在着寒、热、温、凉的不同药性，古时候也称四气，还有一些平性的，热寒性不甚明显。菜有辛、甘、酸、苦、咸五味之分，不同的菜有不同的味，不同的菜有不同的性，它们都对人体的健康发挥着不同的作用。科学饮食，注意膳食平衡，李时珍早就提醒我们了。

　　《本草纲目》对于有毒药物的记载特别详细，说明李时珍对毒性药物的认识是很明确的。一方面，在《本草纲目》所载一千八百九十二种药物中，性味项下标明毒性者有三百五十种之多。另一方面，标注毒性的药物又有"大毒""有毒""小毒"和"微毒"之别。其

中, 大毒者二十二种, 有毒者一百六十多种, 小毒和微毒者一百五十多种。值得一提的是, 在《本草纲目》所记三百五十多种毒性药物中, 李时珍还记载了六十多种毒性药物加工炮制的方法。其中, 李时珍独创的就有三十多种, 许多方法至今还沿用。此外, 李时珍还搜集了不少毒性药物的解毒方法, 并已经认识到了外来品曼陀罗、阿片的毒性, 大大丰富了毒性药物的内容。但我们也应该看到, 由于历史条件的限制, 李时珍《本草纲目》在记载毒性药物时也难免漏误。如莨菪, 虽有诸前

贤"有毒"定论在前,仍认定为无毒;首次记载马钱子(番木鳖)即认定其无毒;朱砂含汞,久服可致汞中毒,也没加以说明等,这些都是我们在研究毒性药物中应加以注意的。

总之,《本草纲目》是一部内容广泛的、高度科学性的伟大著作,也是一部涵盖着药物学、植物学、矿物学、动物学、营养学、毒理学等学科的百科全书。不仅在我国医学史上是一项伟大的成就,就是在世界医学领域里也占有极其重要的地位。

六、《本草纲目》的传播及影响

　　《本草纲目》能成为一部不朽之作，关键在于它不是一般意义上的"本草"。而是以中药作用为依托的，包括中医基础理论、药物、方剂、临床应用等众多学科的综合体。它的理、药、方、治几乎涉及到了中医学的所有内容，对中医学的发展有着非凡的意义。

　　当然，对人类贡献最大的还是它的药学成就。它集历代本草之大成，体现出了本草知识的全面性；它准确的归纳总结，体现出了药性理论的系统性；它细腻的分析和表述，体现出了本草内容的科学性；它清晰的纲目结构，体现出了本草文献的逻辑性；他丰富多彩的笔法，体现出了本草学的广博性；他创造性的自然分类法，体现出了药物分类的先进性等。这些都是了不起的成就。

特别值得一提的是李时珍的类科学分类法，它与传统的按上、中、下三品对中药进行分类的方法相比是质的飞跃，与

如今的自然分类法基本接近。它从一定程度上揭示了植物的自然类群，使人类对植物分类研究的进程向前推进了一大步。它的出现，比1735年林奈提出的自然系统理论早一百多年，并且其内容比后者丰富得多，无怪乎许多学者把它称为"古代最完美的分类法"。

我国古代的炼丹术曾为矿物学、化学的发展积累了许多知识，但由于它严重脱离了广大劳动人民的生产实践，脱离了社会的实质需求，其技术也就不可能得到发展。而李时珍的研究是面向实际、面向人民的，所以他在化学和矿物学方面的成就自然就远远超过了炼丹术。

《本草纲目》里矿物学方面的资料已相当丰富，它共记载着矿物药材一百多种。我们从李时珍的记载中可以知道，当时金矿的主要产区在湖南、湖北、四川、云南；铜矿产于四川、两广、云南、贵州；山西出明矾；朱砂以湖南辰州的最好，所以又名辰砂；蒲州的胆矾最为上品等等。

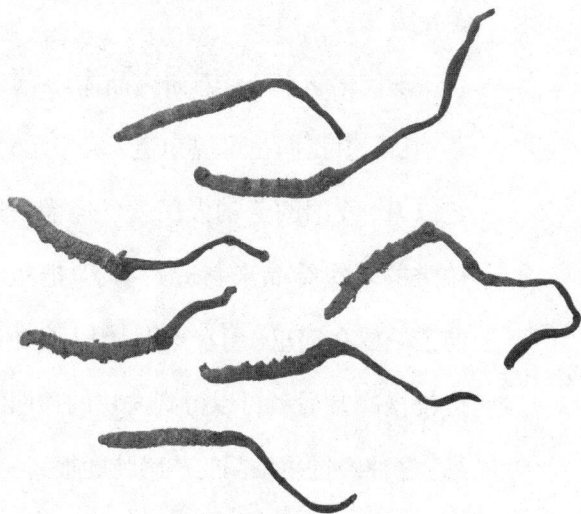

在矿物的颜色、性形、成分和真伪鉴别方面，《本草纲目》所收集的资料就更加丰富了。例如金子是贵重金属，金的纯度不够，颜色也就有差别，即"七青、八黄、九紫、十赤"，只有十成的纯金才是赤色的。李时珍还收集不少化学鉴定法。如胡粉又名铅粉，是铅的一种化合物，李时珍写道："胡粉得雌黄而色黑。"雌黄是一种硫化物，胡粉与雌黄接触可以生成硫化铅，由于硫化铅是黑色的，所以胡粉遇到雌黄而变黑。这是一种简便又快速的鉴定方法。

现代化学十分注意研究晶体。从《本草纲目》中我们也可以知道,从公元5世纪以来,我国的劳动人民就已经懂得用盐类的多次结晶来制造药物了。把粗制的芒硝放在锅里,用水煮化,倒入盆中,待慢慢冷却后就可以得到大块的透明结晶。这种经过重结晶的芒硝纯度很高。

《本草纲目》对水质的研究也很细致、深入,它把水分成天水与地水两大

类。天水包括雨水、雪水等,从现代化学角度来看,雨水、雪水在一定程度上可以说是一种天然的蒸馏水,杂质较少。由于当时科技不发达,还没有人造蒸馏水,但李时珍却已经会制造和利用这些天然蒸馏水以供药用了,他认为天水比地面的水煎药更好。他认为露水也是一种天水,也可以治病,柏树叶子和菖蒲叶上的露水就有明目的作用。我们现在知道,这些露水都含有该种植物的微量分泌物,有一定的灭菌作用。由此可见,李时珍的看法是有一定科学根据的。

随着国际文化交流的兴起,《本草纲目》流传到了国外,声名鹊起。它首先通过海路传到日本,随后到达朝鲜、东南亚、欧洲乃至全世界。特别是日本,由于地理及文化渊源的关系传入较早,影响也颇深。

据日本医学史料记载,《本草纲目》最早传入日本是在庆长十二年(1607

年）。当时一名叫林道春的名医从长崎得到一部金陵版的《本草纲目》，看完后，觉得这本书不仅有利于汉方医药学的发展，也很适应日本国药材生产发展的经济政策，于是迅速将其献给了当时的幕府首脑德川家康。德川见之如获至宝，常置幕府座右备查，所以这部书又被称为"神君御前本"。

据《罗山先生行状》载，林道春于1608年赴骏府，日日为德川家康进讲《论语三略》，"更与医官研讨医药之事"，则他很可能也向德川家康讲了有关《本草纲目》的内容。继此之后，金陵本、杭州本及其他版本的《本草纲目》善本也陆续经山海路由中国商船(唐船)直接载入日本。我们可以从日本汉学家大庭惰的著作中查得不同时期的"唐船"向日本出口《本草纲目》等汉籍的详细情况。根据上野和大庭的考

证，可以看到1705年、1706年、1710年、1714年、1719年、1725年、1735年、1804年、1841年及1855年每年从南京和广州来的"唐船"都携带有《本草纲目》到长崎，其中1719年第22号南京船一次就带去五部，再由长崎转运到江户(东京)、京都等地。以上是有档案可查的，不为《商舶载来书目》等所记录的流入日本的《本草纲目》还有很多。

刚传入日本的时候，医药学家们争相传抄。林道春为了人们能更好地阅读掌握其内涵，特别写了《多识篇》《本草纲目注》，这是最早介绍《本草纲目》的入门书和工具书。

1637年，日本出现最早的"和刻本"《本草纲目》。此书以"江西本"为底本，用和文加以训点，由野田弥次右卫门刊行，也称"宽永本"。其后相继出版了"承应本""松下本""贝原本""益轩本""若水本"等多种版本。可见在明末清初近七八十年时间里，《本草纲目》仅在日本就翻刻了八个版次，数量已超过中国。

在江户时代的二百多年间，日本学术界学习和研究《本草纲目》的风气一直很盛，同时涌现出了许多著名的致力于《本草纲目》研究的学者。与此同时，一批本草学家应时而生，他们借鉴《本草纲目》纂著专书，如《庖厨备用倭名本草》《语本草纲目》《大和本草》《庶物类纂》《本草纲目启蒙》。这些本草学家为《本

草纲目》在日本的广泛传播做了大量的工作。

18世纪,《本草纲目》经辽东陆路过鸭绿江传入朝鲜。虽然我们迄今没有看到朝鲜半岛的翻刻本,但朝鲜半岛上的医药学者都把《本草纲目》当做重要的参考书。根据日本研究朝鲜半岛医药史的专家三木荣的《朝鲜医学史及疾病史》一书中提供的资料,使我们对《本草纲目》在朝鲜半岛的传播有了更多的了解。

《本草纲目》问世时,正值朝鲜史中李朝(1396—1910年)的中期(1568—1800年)。这一时期有代表性的医书有《乡医集成方》《东医宝鉴》等,都引用了《证类本草》。但是,从这以后情况有了变化,朝鲜学者转而引用《本草纲目》。李朝肃宗三十八年(1712年)成书的《老稼斋燕行录》中,在"所买书册"项下见有《本草纲目》。这是朝鲜使者从北

京坊间购得带回朝鲜的。

18世纪以后，《本草纲目》中国原刊本陆续流入朝鲜。于是从英祖、正祖以来，此书便成为朝鲜医家所熟悉的参考书了。到李朝末期，《本草纲目》的影响尤为显著，像在日本一样，它取代了《证类本草》原来所占的地位。

成于李朝正祖时期的《本草精华》二卷，就是按《本草纲目》编写的，附朝鲜文谚字解。但此书作者及撰写年代不详，未曾刊刻行世。正祖14年（1790年），朝医李景华著《广注明秘方》四卷，在引用书目中提到《本草纲目》。此书分救急、杂病、妇科、小儿科及药材等篇，由咸镜道观察使李秉模为之刊印。引用《本草

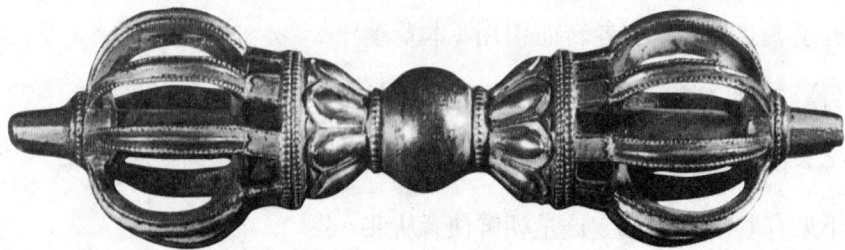

纲目》最著名的医书是《济众新编》。其《济众新编》八卷成于正祖23年（1799年）。康命吉将当时常用医方予以系统编纂，除引用《东医宝鉴》等朝鲜医书外，还大量引用《本草纲目》《医学入门》《医学正传》及《赤水玄珠》等中国医药著作。这部朝鲜医书用汉文写成，还在清代嘉庆22年（1817年）由北京经国堂翻印，受到中国医界的欢迎。

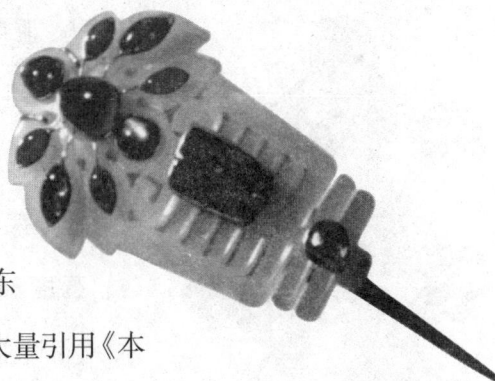

李朝纯祖时，朝医洪得周将《本草纲目》中的附方编辑五十卷，题为《一贯纲目》，刊行于义州府。另一位朝鲜学者徐有榘编撰了一部一百一十三卷五十册的巨著《林园经济志》，这是一部有关自然经济和博物学的大部头类书。全书分水利、灌畦、艺畹、网渔、鼎俎、保养、仁济等十六志，有关本草部分包括在保养志卷第五服食部，被分为服气方、服水方、服

金石方、服草木方、服果方及服谷方等，其中屡次引用《本草纲目》各卷内容。因为此书篇幅过大，未能刊行。徐有榘原家藏写本今存于日本大阪府立图书馆中。

黄度渊是李朝末期在京城(今首尔)武桥开业的朝鲜名医，他在哲宗6年（1855年）编了一部《附方便览》。此书共十四卷，书内所列各种疾病大体上仿效李朝中期太医院首医许浚于光海君3年(1610年)著《东医宝鉴》的目次，但在各处方注中则引清人蔡烈先所编《本草万方针线》，而蔡著正好是李时珍《本草纲目》的附方目录索引，可见黄度渊的这部分药物学资料显然来自《本草纲目》。

黄度渊后来又将其《附方便览》增订成《医宗损益》，还附有《药性歌》，总共十二卷六册，于高宗5年刊行。《药性歌》可视为一部单独的本草著作，因此又称为《损益本草》。它是康命吉的《济众新编》的补编。所谓药性歌，是用四言四句的诗歌形式概括描述诸药之性味、疗效等，使人易于记忆和掌握。值得注意的是，黄度渊《药性歌》对药物的分类采用了《本草纲目》较为进步的分类法，在每首歌下的注中，列出各药的朝鲜名，并大量从《本草纲目》正文中作了征引。

黄度渊把中、朝古医方集的庞大篇幅予以提炼，又借助《本草纲目》对药物给以解说，汇医方与本草为一体，做出显著成绩，无怪乎此书被尊为当时朝鲜一流医药全书。

19世纪末，另一位朝鲜医家池锡永著《本草采英》。顾名思义，此书意在采集《本草纲目》之精华予以叙说。是《本草纲目》的摘录。

从以上所述可以看出，自从《本草纲目》在18世纪初传到朝鲜半岛后，在二百多年间对朝鲜医药学的发展也产生了良好的影响。

据考证研究，在现代的越南、缅甸、巴基斯坦、尼泊尔等东南亚各国以及印度、斯里兰卡等国家的图书馆和私人藏书家手中都发现有《本草纲目》的各种版本。上述各国医药界人士对此书倍加赞赏，常常作为指导他们医疗实践的重要参考书，对发展其医药事业有很大帮助。

在西方，《本草纲目》被看做博物学百科全书。《本草纲目》通过西方来华传教士和驻华使馆人员传入西方，比东方传播的时间要晚一些。它在西方学者心目中的价值与在日本、朝鲜学者心目中的价值相比有所不同，他们所感兴趣的首先是它的矿物学和植物学方面的广博知识与资料，而生物学方面的影响最为突出。

18世纪初中叶，《本草纲目》通过海路传入欧洲。我国著名科学史学家潘吉星教授曾在国外专门考察过《本草纲目》的流传状况，他奔走于各国图书馆及汉学研究中心，与欧美各国汉学家广泛接触，交流信息，切磋学问。据他的考察报告称，他在法国巴黎国民图书馆、英国伦

敦大英博物馆、德国柏林图书馆、美国华盛顿国家图书馆，以及英国的剑桥、牛津、曼彻斯特，美国纽约、费城、普林斯顿、芝加哥、旧金山等城市都见到了各种版本的《本草纲目》。俄国、意大利、荷兰、瑞典、西班牙、比利时等欧洲国家也分别藏有各种不同版本的《本草纲目》，尤其是德国柏林图书馆收藏的金陵本更为珍贵，受人瞩目。

据考证资料表明，《本草纲目》还影响了生物学的两位伟大先驱，他们就是植物分类学的创始人林奈和生物进化论的创始人达尔文。

瑞典伟大的博物学家卡尔·冯·林奈比李时珍晚出生大约二百年，曾创立生物分类学的理论基础，被誉为"为自然界立法的人"。另一位瑞典植物学家拉格斯特朗曾经将其在华期间精心采到的一千余种植物标本和《本草纲目》的中文原著送给林奈，我们在林奈的学术论文《自然

系统》中不难找到《本草纲目》的痕迹。这篇论文确立了他在植物分类学历史上的卓越地位，显然《本草纲目》已成为他建立植物分类学思想的知识源泉之一。

英国伟大的生物学家达尔文，在奠定进化论理论基础时，直接或间接地引证过李时珍的《本草纲目》。他曾借助于大英博物馆东方文献部主任贝契的帮助，引用了《本草纲目》中的动物学内容。达尔文在研究某些生物的变异时，从《本草纲目》中找到了许多支持他的理论的历史依据。

美国拥有丰富的中文藏书，学者潘吉星于1982年5月在美国最大的国会图书馆里得见其所藏1596年金陵版及1603年江西本《本草纲目》。美国金陵版藏本基本完好，印以浅黄色竹纸，但有一部分被虫蛀。此书卷内有眉批朱笔校字和校者题款。如卷十三有"辛巳八月二十六日已读过，七十九翁枳园"，下面印有"立之"的

朱印。卷十四有"已读过,加朱笔。森立之"的字迹。由此可知,国会图书馆藏金陵本起初是由我国流入日本,再由日本传入美国。此本不但是初刻本,且经日本著名本草学家森立之校读。在美国其他地方,如普林斯顿大学葛斯德图书馆、纽约哥伦比亚大学、芝加哥大学、哈佛大学、耶鲁大学及费城宾夕法尼亚大学图书馆的东亚藏书部,我们都可看到明清诸版《本草纲目》。说明18、19世纪以来,《本草纲目》已流入美国各地。

20世纪以来,《本草纲目》除继续被欧洲人注意与研究外,美国人也在这方面做了大量工作。上世纪初,美国的米尔斯在朝鲜教学时就有将此书译成英文的志愿,他和他的朝鲜同事多年致力于此,译成稿本四十余册,后因事返国,遂使此事中断。1920年米尔斯将稿本连同标本移交给当时在北京的英国人伊博恩。

伊博恩早年攻药物学,获博士学位,

来华以后在1920—1935年任北京协
和医学院药理系主任兼教授，
1935年后任上海雷士德医学研
究院研究员。他在米尔斯工作
的基础上，与中国学者刘汝强、
李玉仍和朝鲜学者朴柱秉等人合
作，积多年努力终于在20年代至30
年代分期用英文对《本草纲目》中总共
四十四卷内容做了全面研究和介绍，涉
及到原著中的草部、谷部、果部、木部、
兽部、人部、禽部、鳞部、介部、虫部及
金、石部。在这项工作中，首先从《本草纲
目》中选出各种药物的条目，再鉴定其名
称，述明有效成分，并参照诸家论著加以
注释，每种药都标出其中文原名、学名，
全书附以插图及药名索引。

　　这是一项工程浩大的工作，虽不是
《本草纲目》的英文全译本，却是全面研
究此书的佳作，原著中的精华基本都介
绍出来，为西方读者了解原著内容提供了

一条捷径。

上世纪初，美籍德裔汉学家劳费尔1919年发表《中国伊朗编》。在此书中，《本草纲目》被用来研究栽培植物史及中国、伊朗文化交流史。劳费尔在序言中说，他在这项研究中参阅了"李时珍在1578年所完成的那部包罗万象的有名的《本草纲目》。"还说："尽管该书有许多错误和不正确的引证，但它仍然不失为一部不朽的巨著，学识渊博，内容充实。"劳费尔在谈到葡萄酒时指出："在作者中以16世纪的李时珍为第一人，他有条理地叙述和有见识地讨论葡萄酒。他熟知这种酒在古代只有西域国家制造，唐朝破高昌之后，制酒术才传到中国。"这里指的是《本草纲目》卷二十五谷部中的有关内容。

在劳费尔根据《本草纲目》著书立说的同时，当时在上海的美国教会医生师图尔也在将先前史密斯对《本草纲目》草木部研究作品加以增订,于1911年再版于上海。

进入20世纪70年代后,西方研究李时珍及《本草纲目》的学者仍不乏其人。

一部中国古代的本草学著作,被奉为至宝,无非在于它里面蕴含的智慧价值和科学价值。

李时珍和《本草纲目》的伟大贡献,很难进行全面、完整的表述。著名中国科技史研究专家李约瑟博士的评价较具有权威性和代表性,他说:"李时珍和伽利略、维萨里等人在科学活动被隔绝的情况下,能在科学上获得如此辉煌的成就,这对任何人来说都是难能可贵的。"他又说:"毫无疑问,明代最伟大的科学成就,是李时珍那部本草书中登峰造极的著作《本草纲目》,至今,这部伟大的著作仍然是研究中国文化中的化学史和其他各门科学的一个取之不尽的知识源泉。"